VERSIGUASTI

Kipple
officina libraria

VERSIGUASTI

Pubblicazione aperiodica di poesia
a cura di Alex Tonelli

4

In copertina: tarocco "II. La Papessa"

I edizione cartacea: settembre 2015
I edizione digitale: maggio 2015
ristampa: febbraio 2016
ISBN 978-88-98953-45-5

Kipple Officina Libraria - via Ignazio Canale, 5/2
16029 Torriglia (Ge)
www.kipple.it
kippleblog.wordpress.com

Diana Maat

Adyton

Adyton, il luogo segreto del Tempio:
la poesia di Diana Maat

Il paesaggio inospite

Silenzio.
Nelle mie mani crescono le Erbe,
nel mio grembo tremano le Eclissi.
Ma tu chiamasti i venti a farmi guerra,
mentre urlavo insieme ai Folli
sotto l'arco dei leoni.

(Il Cerchio di Aion)

Il lettore della poesia di Diana Maat si trova catapultato in un mondo inospite, un luogo di cui non vi è apparente significato, uno spazio aperto senza punti di riferimento semantici e logici. Viene colto da un vago capogiro, una sensazione di vortice leggero, costante che si fa via via più intensa sino a un completo spaesamento. Le parole fluiscono, se ne intuisce la forza, la musica, lo scorrere impetuoso. Sono tuttavia parole inafferrabili, impossibile fermarle, trattenerle, raccoglierle.

È un magma caldo che scorre e dal quale non si riesce a estrarre un campione per poterlo studiare, cristallizzare, analizzare con i canoni epistemologici del lettore contemporaneo.

È dunque inospite il paesaggio poetico perché si resta estranei a ciò che fluisce intorno, alla placida deriva del verso, al suono musicale delle parole e alla potenza delle immagini. Icone che paiono intuirsi, ma di cui non si riesce a definirne i contorni e le forme esatte. È un'estraneità che sa quasi di profanazione, come se si fosse partecipi di un evento, di una rappresentazione misteriosamente sacra a cui non era tuttavia lecito prendere parte. Un culto che si sta recitando secondo canoni antichi di dimenticate liturgie, suoni che riecheggiano e rimbombano nelle volte di templi segreti in cui il lettore è precipitato, inconsapevole e disorientato.

Prosegue il lettore in questo cammino, passivo spettatore di recite che prendono vita, testimone di storie inafferrabili, episodi di miti apparentemente noti ma scomparsi da tempo immemore dalla memoria dell'uomo contemporaneo. Come forme che si dipingono tra le nuvole, o vaghe sembianze nelle volte dei fumi di una pira sacrale, si scorgono reminiscenze e ricordi; lentamente si accatasta una sensazione di déja vu, precedenti vite, metempsicosi negata che si svela.

Non vi è partecipazione, il paesaggio poetico resta estraneo ma dietro tale alterità vi è un senso che si cela, un significato esoterico che è, e che deve essere, nascosto.

È questa esotericità la chiave con cui approcciare il verso di Diana Maat: il senso di ciò che questa poetessa racconta sarà sempre incomprensibile, ma velato, rinchiuso nel luogo più nascosto del tempio, l'Adyton, giacerà un misterico segreto. Il segreto che la poesia non può svelare.

Culti Misterici

Nell'Atrio non parli.
Lame lucenti,
l'avorio soltanto.
Sono così sorda
mentre la vestale
si dirige al Centro!
Le zanne bucano le pelli
nelle stoffe morbide e non sento.

(Il Cerchio di Aion)

Di queste immagini che Diana Maat evoca, si è detto che è impossibile definirne i contorni e tracciarne linee chiare nella mente, tuttavia esse portano con sé una reminiscenza molto forte che si coglie, come un profumo nell'aria, vago e indistinto ma presente, fattuale.

È il mondo greco quello in cui la poetessa è immersa, un mondo greco antico che diventa presente, quotidianità dell'autrice. Diana Maat vive in questa realtà che per lei non è lontana nel tempo, è lì, viva. È piuttosto il lettore a essere, come visto, alieno ed estraneo.

L'alterità del lettore al verso non è da attribuire solo alla lontananza temporale, storica dei due presenti, greco-mitologico quello della poetessa, attuale-giornalistico quello del lettore. Vi è una scarto ulteriore, un passo non solo cronologico ma più profondo, qualitativo e non solo quantitativo.

Il mondo in cui Diana Maat vive e che evoca magicamente nelle sue parole è un mondo fondamentalmente esoterico.

Diana Maat partecipa delle dimensioni segrete di culti misterici, eleusini, orfici e dionisiaci. È nella natura stessa del linguaggio di questa sacralità che si fonda il celare, il nascondere, il render vago. Il segreto che essi racchiudono deve restare ineffabile, deve non essere pronunciato (da qui forse l'origine della parola "mistero" con il vocabolo greco che indica il non parlare, il restare muti).

L'autrice è pienamente consapevole che il segreto esiste solo se è tale, e che solo nel suo essere misterioso/non-detto può portare con sé il valore assoluto di gnosi, di sapienza, di conoscenza superiore. Una conoscenza che non ha solo un puro valore epistemologico ma che diventa fondamentalmente etica e salvifica.

I culti, nelle loro liturgie apparentemente incomprensibili, aprono le porte al divino, un divino che, prima ancora di essere entità, è liberazione, possibilità d'essere.

L'estraneità che abbiamo raccontato diventa quindi un'impossibilità cronologica/temporale, frutto di un vivere due presenti diversi, lontani secoli l'uno dall'altro, e un'impossibilità voluta di natura etica/sacrale. Un'alterità, questa seconda, che nasce dal non poter accedere a liturgie che la poetessa conosce e che, *consapevolmente*, cela. Vi è dunque una volontà di nascondimento che è anima stessa del poetare di Diana Maat.

Sebbene volutamente allontanato, il lettore è però attratto avidamente dalle immagini vaghe, confuse che la penna traccia sul foglio, forme che portano con sé significati infiniti di cui non si può cogliere pienamente il senso ma di cui si percepisce, carnalmente, la forza, il denso potere e l'immensa portata poetica.

Icone, quelle della poesia qui introdotta, che si presentano in tutta la loro forza emozionale; spogliate, per le ragioni dette, di ogni "*significante*"[1], esse sono investite interamente di emozionalità, di forza vitale, di pulsioni e pulsazioni. Al loro "*significato*" corrisponde solo un'intensa emozione.

Nel leggere le poesie di questo volume non si deve cercare un significato logico (volutamente precluso e impossibile) ma si deve, semplicemente, lasciare che la potenza libidica (intesa come spinta costruttiva, vitale e innata delle creature viventi) sfoci dal verso e che straripi, in tutta la sua dimensionalità di natura, pelle, corpo e fisicità.

Serve un abbandono mistico, potremmo dire quasi fideistico, nel leggere la poesia di Diana Maat. Lunghe strofe che appaiono girare intorno a un nucleo d'insensatezza ma che si caricano, proprio per questo nucleo di voluta incomunicabilità, di una elettricità galvanica potentissima, di odori e di sapori, di cose vive, di muschio, di animali reali o immaginari ma sempre potenti e scalpitanti.

In tale abbandono emozionale vi è il segreto, il farsi carico del lettore, il condurlo a un livello superiore della scala gnostica del sapere. Sino allo spazio segreto del Tempio, quel luogo che è, in quanto tale, inaccessibile.

Non è un paradosso, non è una contraddizione, né uno scandalo.

Diana Maat è Sacerdotessa del Culto. E compito della sacerdotessa del culto misterico è iniziare il fedele lungo una stretta, complessa, strada di conoscenza. Una mistica che si origina dalla comunione di una emozionalità indotta tramite le immagini evocate, dipinte sulla tavola della poesia.

---

1 Si veda Ferdinand de Saussure.

E come non sentire la forza di una mistica antica in versi di questa portata:

Meriggio, nel tuo campo
mi vide il Corvo
nuda,
tracciar la chiave rossa
che porta all'Oltremondo.
Ah, passar l'acino d'uva
dalla mia bocca alla tua,
Spettro!
Ansimando affondavi la croce,
nel grano che riempiva le mie cosce.

(Libro Antico)

Io, lettore, divento partecipe del poetare vivendone la carnalità emozionale.

Sacerdotessa del Tempio

Celeste d'inguini tremuli,
sei nella carne,
mio Eterno.
A me puro vieni,
Miracolo!
Quale giglio ai miei seni devoti.
Vedi:
dalla mia carne viene fuori un filo d'oro,
un filo,
che si tende all'Infinito,
verso il Sole.

(Timor di spina)

Diana Maat è dunque Sacerdotessa del Tempio, di quel luogo in cui è racchiuso, segreto, il mistero del sapere, una gnosi impronunciabile che cela in sé il senso. Un mistero che non è solo un conoscere puramente intellettivo, epistemologico ma, soprattutto, uno svelamento etico e, di conseguenza, un viatico salvifico.

Abbiamo delineato nelle pagine precedenti quale sia la liturgia che consente alla poetessa di condurre il lettore in questo cammino. Un darsi del senso che avviene, quasi scandalosamente, dentro una totale incomprensibilità e incomunicabilità (sia cronologica che ontologica) ma che viene resa possibile dal potere vivo, assoluto, libidico dell'immaginazione della poesia. Le icone si caricano di una valenza emozionale così forte da diventare simboliche e si fanno intrise di un non-detto vivibile.

Vivibile, nel senso più carnale, corporeo, umorale e sanguigno del termine. Non si tratta, come altrove la poesia fa, di un'intuizione vaga, di un darsi para-intellettuale. No, nella poesia di Diana Maat tutto si compie nell'emozione e nello spazio della natura.

Esulta il melo
il sambuco canta.
E tu come l'erede,
e numinoso e biondo,
sei giunto.

Cade la manna
nella campagna
arsa.
Sotto le zolle
nere,
si aprono
le bocche
dei miei ospiti.

(Libro Antico)

10

Proprio la natura mediterranea, reale e mitica, diventa il luogo stesso della poesia dove giacere, abbandonarsi inebriati e confusi e in tale ubriachezza vivere il mistero e il sapere.

Giungiamo così a un ulteriore punto di questa nostra introduzione, un elemento che è essenziale e che diventa una sorta di chiave di volta su cui si sorregge tutto l'impianto poetico e filosofico di Diana Maat.

Non è uno spazio qualunque quello che diventa il territorio del poetare, del darsi al lettore, ma è un luogo definito e identificato, uno spazio originario e primigenio che è Natura, viva e mediterranea, a volte solare a volte crepuscolare ma sempre intrisa di una vitalità calda e pulsante.

Ecco, dunque, è questa *Natura naturans* e naturata che diventa *conditio sine qua non* del poetare di Diana Maat, del suo potere immaginifico e, come visto, del suo condurre al mistero.

Alzati, pube
bianchissimo
tra le radici argentee di betulla,
sovrano elisir
di labbra diafane
tra le foglie nude.
O sangue di carni in Estasi,
dardo furioso!
Porta segreta di cieli e lacrime,
altissima scala del Nulla.

(Timor di spina)

Quante volte ricorre, ripetuta e incessante, la presenza fisica della Natura, della presenza bucolica di un Mediterraneo mitico. La Natura è mai solo un essere presente, un darsi-al-lettore come spazio nella parola tramite il verso, è piuttosto un atto, un concedersi, vitale e primitivo. La Natura mediterranea è azione, tensione al lettore, culla calda e odorosa di vita, di umori e muschio, una presenza avvolgente in cui tutto trova origine.

L'animale avanzava.
Trascinava la mia veste
nella fonte.
Mia eternità, fui messe
e campo, per le genti.
I semi bruni strinse in cento code.
Quale grano macinato,
dal suo dente prodigioso.

(Libro Antico)

È una presenza mediterranea che sa di sudore, di sabbia, di paesaggi boschivi, di macchia assolata, di salsedine e di mare. Una Natura consapevole della propria valenza creatrice/femminile e che, tramite questa, si carica interamente il fardello, il piacere, il miracolo della pulsione libidica, della maternità ma, allo stesso tempo, della potenza distruttrice che mai può essere slegata dalla dimensione vitale di Madre-Natura.

Diana Maat è allora la Sacerdotessa, l'Annunciatrice, di tale dimensione femminile della Natura, una sorta di Messia dell'archetipo assoluto, originario, del simbolo supremo ed eccelso. Una simbologia che mai fa venir meno la sua presenza tattile e concreta, la dimensione vitale, pulsante e dirompente della Natura. Mai la poetessa dimentica, nel suo ruolo di portatrice di verità, che questo darsi (doversi dare?) al lettore, è un darsi carnale e caldo, unica condizione possibile attraverso cui vivere il cammino mistico della gnosi.

Ecco perché Diana Maat è sacerdotessa, vestale di una religione virginale e poetica in cui solo nel vivere incondizionatamente la dimensione materna della Natura si giunge alla salvezza.

Turchese sul carro
d'ngeliche voci,
vieni
Vieni nel mio prato vergine.
Viso del croco,

o sono l'elicriso.
La mia carne è il pane bianco
che ha la forma del sepolcro,
il mio sangue è il dolce
succo
che conduce alla pazzia.

(Adyton)

È la femminilità il viatico verso cui tutto il potere della poesia si dà, una femminilità intesa come luogo della maternità e della creazione, una versione poetica della Venere di Moravany che è condizione assoluta della realtà, principio di essenzialità all'esistere. Il senso dell'esser-ci nel mondo.

E io partorirò l'Uccello,
di tutti i Re Sovrano.
Il mio utero:
l'Impero,
sanguinerà dall'Alto.

(Miei Re)

L'utero gravido della Natura, di cui la poetessa canta, diventa così creatore dell'essere umano, del mondo e, circolarmente, del senso del mondo. Del suo significato, del suo percorso costante alla conoscenza, alla gnosi misterica e alla salvezza.
Il luogo da cui la vita è cominciata, lo spazio carnale che è Tempio segreto e inaccessibile, prima di ogni parola, di ogni "*logos*", diventa lo spazio in cui si vela (e nella poesia svela) il segreto del mondo: un segreto che Diana Maat, quasi sciamanicamente, evoca e descrive per emozione. La Natura, un mediterraneo antico e mitico ma al tempo stesso reale, pulsante e vivente. Un luogo bucolico che diventa scrigno di senso.

Diventa chiaro allora che il potere immaginifico della poesia di Diana Maat non nasce solo da una *téchne* raffinata; il dirompente potere di creazione di un iconografia immaginifica inesauribile prende vita nell'autrice dal suo essere vestale di un culto misterico tributato a Madre-Natura. Nel suo essere *poetessa* del culto.

Tu mi pugnali, Piacere.
Come il vento sciacallo mi sbrana.
Tua,
per l'infinità dei mondi,
le tempie mie dimore degli Spiriti.
Tu mi pugnali, Piacere.
Come il vento sciacallo mi sbrana.
Tua per il Grido
delle creature in gloria,
tramuto il seme in pomo di salvezza.
Tu mi pugnali, Piacere.
Come il vento sciacallo mi sbrana.
Tua,
per l'anello del Perpetuo,
parlo con gli Inferi e ne sono salva.

(Timor di spina)

La transustanziazione dal corpo alla parola

Baciami,
crudele Ifigenia.
Io son la testa della Cerva,
ho gemme nelle orbite
e palpebre di seta.
Ma tu vuoi la mia lingua

sfilacciata:
sia essa cibo per i vivi!

(Arcana)

Concludiamo questa digressione nella poesia di Diana Maat da dove eravamo partiti. In perfetta sintonia con la visione ciclica del tempo e del reale del mondo greco antico non possiamo non ritornare a quella che era la prima osservazione sull'opera qui introdotta. Si era detto paesaggio inospite, luogo in cui il lettore si trova a essere estraneo, alieno e altro. Una diversità che si fa incomprensione, incomunicabilità.

Un dire-altro che è voluto, consapevole e cercato consciamente dalla poetessa.

Ciò che Diana Maat racchiude in sé, il segreto e lo scandalo del culto di Madre-Terra-Natura non si può e non si deve svelare.

Il paesaggio poetico deve essere e restare un luogo "altro" per il lettore ma, come in un perfetto cammino di gnosi, passo dopo passo, un senso emerge, un significato profondo che si rivela in immagini dotate di forza inebriante, quasi stordente (a ricordo di pratiche cultuali sciamaniche). Icone archetipiche che trasudano, quasi fossero effluvi, emozioni di inaudita potenza e di dirompente impatto.

Vi è in queste immagini tutta la carnale, seducente, ammaliante femminilità reale della Natura. In questa concreta presenza degli umori e dei sudori, degli odori boschivi e dei profumi assistiamo a una scandalosa e vitale *transustanziazione*: la Natura, tramite il Sacerdozio della poetessa vissuto nella sua parola poetica, consente di vivere il segreto

Nella parola annunciata, sacra e poetica, ci si appropria della Natura-Madre-Mediterranea, la si possiede e nel possederla si giunge al segreto.

Che in quanto tale non può essere raccontato, né descritto.

Deve restare silenzio.

Salvezza.
Non credi che respirino
le mie statue tutte in cerchio?

Io le ungo dell'Olio più prezioso.
E tu,
Mio Sole,
quando sarai rinato,
vorrai un piccolo sorso
del mio sangue?

(Libro antico)

La salvezza che il culto della Sacerdotessa offre al lettore è una salvezza dello scandalo, lo scandalo di poetare ciò che non può essere detto e lo scandalo di offrire la pura, assoluta vitalità della Natura al cammino (gnostico) del lettore.

La poesia smette il suo ruolo contemporaneo di spazio della parola (più o meno musicale) e ritorna a essere il luogo originario della creazione, della poiesis. Una creazione che non è artistica, intellettuale, astratta ma è azione della Natura, della vitale essenza del paesaggio pulsante del Mediterraneo dipinto. Un'azione che è, in fondo, parto.

E se lo scandalo della poesia fosse portato alle sue estreme conseguenze, potremmo concludere questa introduzione semplicemente osservando che Diana Maat è, nel suo suo essere poetessa-donna-sacerdotessa, colei che annuncia la Madre: la Natura che dà la vita e il senso della vita.

In essa il lettore nasce. Per la prima volta.

O ventre che molle danzava
al tuo sacro desio,
soave Serpe!
La bocca delle viole
al mio livido seno,
la bocca delle viole,
o tormentosa bocca!
Tra corna avvinte d'edera
pregava:

Alzati rogo celeste!
D'acanto avea le tempie
e la sciagura
di vene tese come gigli,
o voce nera della selva!
Tremor antico,
rorida
nel suo rubino seno,
vanto di rosa,
timor di spina.

(Timor di Spina)

7/9/2015, Alex Tonelli

Mio lettore,
io per te non sarò un volto, io sarò solo una voce, un'eco notturna dei boschi.

Ho partorito gran parte delle mie poesie accanto a un faggio di cinquecento anni, mentre guardavo le mie sorelle danzare per la luna piena, o nel tempo della raccolta delle erbe, alla vigilia del giorno di San Giovanni.

Era un gioiello d'oro l'iperico, tra i capelli biondo grano della mia Suzanne. Lei ne aveva colto un mazzolino per me, con dolcezza, nel punto più alto della montagna, dove l'occhio incontra all'improvviso, le curve maestose del Vesuvio.

Quel fiore giallo bruciato dal sole mi riportava con la mente in Sicilia, nei templi maestosi di tufo, a guardia di un mare di zaffiro. Ero stata sull'acropoli greca, a risvegliare gli dei con il suono del tamburo. Con me c'era Ariel, una sconosciuta. Mentre correvamo tra le rovine sul mare, tra le colonne accasciate e i capitelli giganti, le nostre dita afferravano un vento selvaggio. Una mezzaluna dipinta sulla nostra fronte salutava il crepuscolo.

«Diana Maat, chi sei veramente? Non ti conosco, eppure mi fido di te. Portami nell'adyton».

O forse mi disse «Diana Maat, sono tua figlia, Persefone. E tu sei mia madre, Demetra. Abbracciami, sono tornata!»

Io sono la regina delle ortiche nell'ovale dei deliri.

Sono uno specchio di visioni innocenti e terribili.

Sono l'ingresso della selva. L'invito al segreto.

Buon viaggio.

ADYTON

Turchese sul carro
d'angeliche voci,
vieni.
Vieni nel mio prato vergine.
Viso del croco,
io sono l'elicriso.
La mia carne è il pane bianco
che ha la forma del sepolcro,
il mio sangue è il dolce
succo
che conduce alla pazzia.

*

S'apre il cancello
per me crisalide:
il dio mi vuole
verde,
come la vipera
e come lo smeraldo.

*

Quel nastro
che lega i nostri polsi
è del colore della giada.
Meraviglia! Volte ed archi
di perle,

tre gocce di sangue chiese il
taglio,
per il becco del Re Aquila
sul trono di conchiglia.

*

Bianco dell'agnello
donammo,
il gioiello del mare
al seno divino.
Sulle nostre teste
sei ali,
di serafino.

*

Indaco della mia scala,
la tromba e l'urlo.
Ruotano le sfere
nel sinedrio,
splende lo zaffiro,
della tua criniera.

*

Furia,
tu che prepari
l'unguento per i colli
e i colli alla mannaia,
prato santo d'angeli, mi ascolti?
Consegnami la chiave

che solo tu conosci,
ricevi il fiordaliso che non parla.

*

Cammeo d'oriente,
nido selvatico l'accoglie.
Romeo del mio rubino,
la sinfonia per l'obelisco.

*

Chi sei?
Feroce danza il tuo piede.
Ti vedo:
sei bestia in ogni specchio-
sporca di nettare
prendimi,
Getsemani.

*

Sei tornato,
messaggero-
bucaneve tra le torri,
congiungi ancora e ancora,
il diamante dell'aurora
a quello della ruota,
sulla mia corona.

*

Vidi la sfilata
dei tuoi cavalli maschi:
turbe alate uccisero il Maligno.

Arse,
benedetto dalle palme,
il mio arazzo per i soli.

*

Solleva il velo bianco dalla fronte del bestiame.
Nell'antro serbo
il quarzo,
per le chiome delle ombre.

*

Ortica,
la mia ferita aperta
nel cerchio di candele.
Come di vena al sussulto.

*

Vola qui, rondine scura:
dalle mie mani mangiano gli spettri.
Assaggia questo grammo
dell'anima mia:
è nutrimento amaro,
ma rosa come il vespro.

*

Vento selvaggio,
il volto prigioniero
del tuo morso.
Ti dono la mia treccia: ha il colore dell'alba.
Se nei buchi del tuo petto

verseremo il latte,
cresceranno rovi fino ai fianchi.

*

Rosa canina,
danzava la selva:
il mento sporco di zucchero.
Sul seno un ricamo color di lavanda.
E l'ombelico il principio d'abisso.

*

Sapienza,
nel fusto turchino scorrono colombe,
nella mia gola il sigillo.
Incendio di venti sul lago
risplende.
Angeli neri sul precipizio.

*

Apriti, tempio del mio corpo,
un dio di paglia e fieno grida.
Simili al cardo giurammo sul vello.
Mai più ci incontrammo.

*

Ti sento,
odore d'incenso,
gelsomino fra i denti.
Viola dalla fronte alla cintura,
incidi croci azzurre
sulla nostra schiena.

*

Fiorivano le tempie,
e i robusti tralci.
Altri succhiavano
le more dai polsi,
alzavano nell'aria
la collana per il pruno.
Io ti seguivo con la mente:
occhio aperto nell'ombra.

*

Voce, temo perché hai fame.
Mi spaventa
il viso tuo d'insetto,
ali di neve,
sulle mie guance.

TIMOR DI SPINA

Specchio dell'Ere gloriose,
io sono la figlia dell'Ora.
O serve devote al perpetuo sigillo!
Ascese all'Infinito
la Rosa mia balsamica,
al Supremo.

*

Il talamo vedo d'Angeli
nudi,
le Bocche nel
Bacio
di rose ardenti.
Innalzami su zanne di fiere maculate,
Regno!
Al suono immortale dei Cantici,
congiungiti a me.

*

Nudati, Arcano.
Come lingue: pesci d'oro
sullo specchio
capovolto
agitavano lor code.
Acque divine!
Alme occhi- di- zaffiro

nel Bianco,
di balsami lucenti.

*

Celeste d'inguini tremuli,
sei nella carne,
mio Eterno.
A me puro vieni,
Miracolo!
Quale giglio ai miei seni devoti.
Vedi:
dalla mia carne viene fuori un filo d'oro,
un filo,
che si tende all'Infinito,
verso il Sole.

*

O Splendore, o Magnifico!
I tuoi cent'occhi spiaron la mia Nudità.
Mia Nudità
sente
il pianto degli spiriti caduti dalle Torri,
l'assalto di cavalli venuti dagli Abissi.
Ed io nei tuoi cent'occhi,
nei tuoi cent'occhi,
Bestia!
Rivedo l'Aldilà.

*

Tu mi pugnali, Piacere.
Come il vento sciacallo mi sbrana.

Tua,
per l'infinità dei mondi,
le tempie mie dimore degli Spiriti.
Tu mi pugnali, Piacere.
Come il vento sciacallo mi sbrana.
Tua per il Grido
delle creature in gloria,
tramuto il seme in pomo di salvezza.
Tu mi pugnali, Piacere.
Come il vento sciacallo mi sbrana.
Tua,
per l'anello del Perpetuo,
parlo con gli Inferi e ne sono salva.

*

Vidi l'Assoluto incoronato
dall'ali di colombe guardiane
dell'Eden.
Le teste cadute
nelle coppe argentee,
quali bocciuoli di rose ignude,
tra le lacrime e il sangue del Cielo.
Spavento:
nel mio grembo
affondavi le zanne,
su un prato di petali candidi,
come la neve.
Ah, Narcisi
tumultuosi tra le cosce
untuose!
Pieghe altere di carni
molli
fra balze di serpi

uccise,
all'imbrunire.

*

All'inguine straziato fosti tu
la Fine,
crepuscolo adorato?
La Morte,
bocca eterna di sanguigna
Rosa,
bevve al lago del tuo pube amara
Grazia.
E fosti tu la Fine,
narciso del mio cuore
pugnalato?
Volano in coro i cigni
per la ferita lenta,
dei loro sessi afflitti
dalle spine.
Balsamo d'alme, salvezza!
Coppa d'argento
vacilla.

*

O ventre che molle danzava
al tuo sacro desio,
soave Serpe!
La bocca delle viole
al mio livido seno,
la bocca delle viole,
o tormentosa bocca!
Tra corna avvinte d'edera

pregava:
Alzati rogo celeste!
D'acanto avea le tempie
e la sciagura
di vene tese come gigli,
o voce nera della selva!
Tremor antico,
rorida
nel suo rubino seno,
vanto di rosa,
timor di spina.

*

E dal mio ventre,
pomo di sangue nasce
un pettirosso.
O Puro consacrato alla mensa degli spiriti!
Crebbe nel mio ventre
il Mirto,
signore del Piacere,
lacerò le viscere salendo ai cancelli
del Paradiso.
E lui, il mio gioiello,
il pettirosso annega nel calice del pianto.
Ingoiate i semi dell'intelligenza, o spiriti!
E dalle vostre Bocche,
alberi di fiamme.
Lo Giuro:
diverrò il Giardino
delle vostre Urla,
nei secoli divini.

*

Alzati, pube
bianchissimo
tra le radici argentee di betulla,
sovrano elisir
di labbra diafane
tra le foglie nude.
O sangue di carni in Estasi,
dardo furioso!
Porta segreta di cieli e lacrime,
altissima scala nel Nulla.

*

Gli specchi rivelarono il segreto del mio volto:
della Vipera sedotta dal Tuo Labbro.
Mia Nudità
eri bella nell'ossario,
al centro della sala
tra l'oro di capezzoli appuntiti
e fulve chiome
caddero
recise al drappo,
pupille di bisce quali perle.

RICORDO PAGANO

Io conoscevo il peso dei tuoi riccioli
nell'antico scrigno,
il corvo sulla soglia che ascoltava
l'eco del pozzo.
I merli eran attratti
dal tuo labbro di ciliegia
ma scappavi,
nude braccia!
Lo zufolo narrava
giravolte nel crepuscolo,
risa tra i lamponi.
L' ombre ci sfioravano le gote,
non temevi!
Cresceva il timo al suon del canto,
il cerfoglio
dentro il palmo chiuso.
In te materia diveniva
Spirito:
gettavi il tuo più vecchio lembo nel paiolo,
e rinascevi fiamma immobile al mio soffio.

*

Scorgemmo il sentiero delle ortiche,
la bianca torre
d'angeli obliqui.
Con aghi di pino
tracciavi

lo zodiaco nel vuoto:
e vidi sette mondi sulla tiara del Re Aquila,
un unico sole al centro dei suoi occhi.

*

Rosacarne
del mio Cortile
avanza,
su coltri leggere,
l'odorosa essenza.
Malvarosa,
lungo il cammino aprivi
la ferita del mio polpastrello,
vi lasciavi dentro foglie
di melissa triturata.
La lupa viola ci seguiva
silenziosa,
l'eco notturno, con un'ala scura.

*

Seicento porte s'aprivano,
teste di scimmia in campane di vetro.
Sento ancora quel gelo.
Un raggio di sole bucava il tuo sterno.
E volti di santi invecchiati
sotto neri cappucci.
Sui merletti i tuoi nervi serviti,
come fiori in autunno.

*

Selvaggio il vento scosse
le mortali foglie,

32

scese
lama sacerdotale
su fili di tenebra fredda.
Sentivo prepotente
l'odore delle spezie dall'antico mondo,
e l'occhio della biscia dimorava
nel mio ombelico aperto.

*

Ritornano le voci dalla rupe,
scintille all'imbrunire.
E tu, dolce muschio
d'alberi robusti,
cresci sulla mia pelle
come una corazza.

*

Giace la reliquia tra le mammole,
una falena sulle ossa.
O tu, mio Chiavistello!
Oltre la soglia, lo Spazio.

*

La luna nei campi illuminava le rovine,
tu cucivi ali di passeri sulla mia coperta.

*

Bella di notte, destati!
La lepre ha seppellito
lo spillo che ferì cuori di pezza,

nei ricami
gelsomino, e anice stellato.

*

Ora che dolce è la sera
e amara l'ansia,
l'ombra amica beve alla fontana.
Sussurra una novella
nel mio cristallo
Sirio, luce chiara.
E mi par di vedere
nel tablino,
sporco di more il muso
del Cerbiatto.

MIEI RE

Uccelli,
miei Re!
Sangue bevete
puro,
dal cratere delle rose.
All'imbrunire
verso il canto,
di tutte le tue ere.

*

L'Ambigua si volse.
Il mare beveva
da corni lucenti,
le sue zanne falciavano
l'aria.
Pose le corone sulla testa
della bestia mia piumata.
Sorsero.
Alme immortali annaspanti,
in rivi di luce perpetua.

*

Non voglio più niente.
Il coro che desta la serpe
infila la lama nell'anello,
l'innalza nello spazio.

Ali d'argento,
neve.
Tra l'edera, le carni.

*

E io partorirò l'Uccello,
di tutti i Re Sovrano.
Il mio utero:
l'Impero,
sanguinerà dall'alto.

*

Bruciammo la paglia e le vesti,
danzammo.
Al flauto piacque il fuoco
e il frutto,
che mangiammo all'alba.

*

Nel vento le tue
fauci,
cremisi e turchine.
Non ho paura di sentire
i tuoi sospiri di cannella.

*

Le voci mi hanno detto
che è nel marmo la tua legge,
che la tua barba
d'ambra,

profuma di promessa.
Ma io sono la volpe
che ha fame e non ha pace.
Aspetto di rubare
la tua vittima all'altare.

*

Sei apparso sulla torre,
la testa del leone
quale scudo,
contro il mio esercito di folli.

*

Non strisciare
servitore,
vedo il coltello
e la bilancia.
Il tuo padrone attende.
Ha un volto di vitello
e la pelle di corallo.
Non soffrirò. Fa presto!
Son fatta d'ombra, e non respiro.

*

Guardiani dei tempi,
le vostre teste arse sulla pira
tenni per cent'anni,
nel ventre mio di fiamme.
L'Impero eterno
di cherubini succhia
da bianchi seni il succo

d'uva nel meriggio
di corpi striscianti.
Che sono l'ebbra vite,
la tortuosa,
nella terra dei fiumi.

ARCANA

Carni di musa
ti chiamo,
al mio inguine feroce:
Basilisco.
Ruggiva per la macchia
sul pube-chiavistello,
il dio leopardo:
O succo, o polpa,
zoccolo
del mio Ditirambo,
nello specchio la demenza,
tra i riccioli l'aneto.

*

Suzanne,
dal polpastrello cresce
il dragoncello.
Con il coltello incidi mezze lune
sul mio cranio,
e infili dentro perla dopo
perla,
un solo chiodo di garofano.

*

Baciami,
crudele Ifigenia.

Io son la testa della cerva,
ho gemme nelle orbite
e palpebre di seta.
Ma tu vuoi la mia lingua
sfilacciata:
sia essa cibo per i vivi!
Sia essa cibo per i morti!

*

Psyche,
versi balsami
dal guscio,
per me forgiata in bende di follia.
Ero cieca e ti vedevo
ornata
della più casta foglia,
succhiare un ossicino
d'ermellino.

*

Aprimi:
son impastata
di luce e gemiti.
E tu gemevi per il nastro
sciolto
dal tuo roseo fianco,
per il giglio appena nato,
nel verde dei cammini.

*

Ahi! La spilla della ninfa
pungeva il tuo capezzolo,

un volto dilatato
scomparve tra le fronde.
Chi sei tu che fragrante
assumi pose oscure
sul mio desco?

*

Ascolta:
nel seggio
scorre
la linfa del Creato.
Ma io matta di te
mi agito,
e avida del tuo
delirio,
voglio scucirti il ventre
e poi mangiare,
le larve del sogno.

*

O Selenite,
quale palazzo fu il mio?
Ove le ombre con le fiaccole
tracciavano,
sulla mia pelle
trame di sospiri?

*

O simulacro in acqua dolce,
un carme soave del bosco ti desta.
La mela

che hai nella tua mano
mi sfama
e mi mente, bugiarda.

*

Runa silvana,
smarrivo la mia pelle,
ancora il calcagno all'ingresso.
E gravida di polvere,
ogni notte partorivo
lo stesso piccolo,
amaro germoglio.
La lepre mi sentiva
e aveva gli occhi rossi,
mentre strappavo il velo
per guardare la misura.

IL CERCHIO DI AION

Silenzio.
Nelle mie mani crescono le erbe,
nel mio grembo tremano le eclissi.
Ma tu chiamasti i venti a farmi guerra,
mentre urlavo insieme ai folli
sotto l'arco dei leoni.

*

Luce.
 Gigli a brandi.
Seggio di belve elette
accogli,
seni di lacrime
imbevuti,
nei calici odorosi.

*

Grandezza di rami,
torre celeste.
Sul monte di sale
la stella:
ti salutiamo, Eterno!

*

Nascevi ancora,
ambra in mezzo al petto,

verde scarabeo
sull'ombelico schiuso.
Eri fatta di miglio,
e la foglia ti guidava
quando nuda,
anima chiara,
ti sussurrava l'ombra.

*

Vive nelle mura di cobalto,
così vicino al sole,
il tempo.
Vedo nel suo anello,
svanire tutti i secoli.

*

Ali d'aria sul trono di fiumi.
Una colonna è del colore della perla,
l'altra brucia come sabbia.
Vieni con me, suona:
s' aprono i cieli,
per la danza delle Ore.

*

Luna immacolata,
nascosi le fiamme.
Perché i piedi bianchi
seguivano le lepri fino al pozzo.

*

Sette corone per i guardiani.
Ad ogni nome l'animale scalpita.
L'aurora tiene in mano la clessidra,
il mare s'alza.
Giuro.
Io metterò le corna dell'ariete
e sfonderò le mura,
ove pregammo invano.

*

Scegli le arterie da mangiare,
sono coralli.
E il polline del Vero,
per il muso.
Su quali sassi chiedi
che si sdraino le membra?
Non mi guardare. Non conto niente.
Io sono storta,
come l'ulivo
e brucio.

*

Nell'atrio non parli.
Lame lucenti,
l'avorio soltanto.
Sono così sorda
mentre la vestale
si dirige al Centro!
Le zanne bucano le pelli
nelle stoffe morbide e non sento.

ALBANUDA

Giurami sul sorbo
selvatico, sul giorno.
Colombe nere
vanno
dalle corna del montone
al nostro patto.
Ogni onda del mio polso
era l'orlo dell'Inferno:
perché incinta del tuo canto,
nel tempio delle Erinni,
generavo lacci d'ombra
su caotiche are.

*

Tu sei il mio nido
e io coperta d'ori,
sentivo in gola
aprirsi
la fessura dell'oceano.
Quante volte il tempo
s'arrestò per divorarmi,
sulla tavola di giada?
Vidi tanti nomi
e nessun volto,
per un crudele dio.

*

Ero legata e mi persi
tra fontane di luce,
o passi d'angeliche forme!
Ora sono sporca
del grumo più nero:
e tu non dire a nessuno,
come gioisco sul patibolo.

*

Conta:
quante orchidee fiorite intorno alle tre spade?
Cieli rosa nello specchio ovale,
e i meli di novella e di letizia.
Io sempre sussulto quando sveli il
ponte,
tra l'Immutabile e il creato.

*

S'innalza dalle stanze
la nota ch'evocava
la tua consistenza.
Ci svegliamo a Gioieterna,
e non udiamo alcun lamento.

*

Non tremo perché hai messo nella culla
il ciondolo e la paglia della vittima:
io dormo su giacigli d'erba dolce.
E tu non vedi com'è alto,
il mio atomo nel palmo.

*

Lembo chiaro,
nel recinto saldo t'invocavo:
tu mi davi il nome di Albanuda,
ma ero Bellaspina!
Mi ferivi cento volte, e dentro me pascevi.

*

Ora non sento,
perché il mio passo è oltre il labirinto,
ma prima del Giudizio
mangiammo nel giardino Dolcepomo:
tu il mio labbro e io il tuo labbro
a turno,
e dopo lo sfacelo.

*

Non conoscevi il nome del Pilastro,
né il cibo sul coperchio della bara.
Ma l'elsa ti guidava insieme al gregge,
e il fico si divaricava,
nel panno ricamato per una
carezza,
di tremendo ardore.

*

Non ha più tempo per me questa campagna,
vengono i messi ed aprono i cancelli:
io son cresciuta,
non sono più la stessa
suicida, nel vigneto:
però il contorno

ancora si deforma,
languido, e m'acceca.

LIBRO ANTICO

Con i guanti neri
allineavi
bacche di ginepro sullo specchio.
Com' era caro, e gentile il caprifoglio,
o melodioso corno!
Hai tagliato in due il mio labbro
come si spacca un frutto:
una parte per la luce,
l'altra per l'oscuro.

*

Alla porta,
senza cintura d'oro
e senza il segno,
sarete cibo per la tigre mia guerriera.

*

Temo la tua veste di nube
e i raggi della fronte.
Ti temo perché versi nettare sui riccioli,
e nella bocca inviti lo scorpione.

*

Scorre sul mio Libro
la lava dei tuoi occhi.

Ho ricevuto il dono.
Vene-acqua marina
hanno lodato la tua forza.

*

Io ti adoravo,
becco assassino.
Tumulto nel mio nido di
balsami, ritorna!
Nutri ancora le mie fibre,
una per una,
come in principio
nella fine,
bianco uccello.

*

Arca e tuono,
o perla della carne,
morso feroce.
La tua sembianza umana
in Spirito mutava.

*

Servimmo le primizie,
In fila fino al trono.
Poi ci invitò a mangiare
dalle sue grandi mani.

*

Salvezza.
Non credi che respirino

le mie statue tutte in cerchio?
Io le ungo dell'olio più prezioso.
E tu,
Mio sole,
quando sarai rinato,
vorrai un piccolo sorso
del mio sangue?

*

Seta sui nostri corpi
avanziamo,
al suon di campanelli
fino al suo grande artiglio.
Ferisce la nostra unica fronte
con un doppio taglio,
e versa dentro l'acqua del suo bacio.

*

In piedi.
Perché nel tuo salone
di marmo e diaspro rosso,
danzavi con la sfera
ed era il cosmo.
Ah, come fluiva il tempo
nelle pareti del mio essere!
Era la cetra che ci deliziava e tu balzavi - zampe nere-
per entrarmi dentro il petto.

*

Meriggio, nel tuo campo
mi vide il corvo

nuda,
tracciar la chiave rossa
che porta all'Oltremondo.
Ah, passar l'acino d'uva
dalla mia bocca alla tua,
spettro!
Ansimando affondavi la croce,
nel grano che riempiva le mie cosce.

*

È guerra nei Cieli
e negli Inferi tu,
rosario in filigrana
mi gemi nel seno.
Di bove, il divo volto del mio amante bevve l'acque,
del mio sigillo infranto.
 Crudele sermone al
Perpetuo.
E la falange azzurra d'angeli
bruciava nel sepolcro.

*

Offersi la colomba che beccava
i semi sul mio ventre rigoglioso.
A te, Notte!
La pallida quiete e il dolce garbo,
l'ali di spuma strette
tra le perle dell'Oblio.

*

Ah, Serafin, non vede, la tua pupilla d'oro,
la lama del dragone che lacera il mio delta?

Io bacerò le corna,
dell'idolo scolpito
 nell'acque del mio parto.
Lui porta nelle viscere una cerva
di cremisi velata.

*

È il giorno del Giudizio,
nell'urna di cristallo,
il cuore del mio passero
si scioglie in sangue puro.

*

Carme solenne
di nunzi
l'Empireo risuona.
Roghi di luce.
Corifei,
d'alcove svelarono
salme,
di nettare tinte.

*

Lingue d'oro d'usignoli fremono sul ventre,
Piacere!
Eterna fonte di luce,
altissimo gemito,
corona di corpi,
fiore purpureo.
Violini nel vespro
feroce,

dolce desio
del fico smembrato.
Roride carni
a mirare l'Immenso.

*

Scelsi di portare in processione
la chiave di metallo.
Avrebbe aperto la tua testa
lasciando colare su di noi
l'argento.
La tromba ad annunciare il primo passo:
brucia
nella mia mente
il dardo,
e il dorso tuo di madreperla.

*

Tremito di valli da cent'occhi affrante,
suprema delizia dell'ode
silvestre,
l'antico virgulto nell'eco
belava
dall'antro sinistro,
cordoglio di statue in penombra.
E l'Eden divora il mio seno.
Il dio si fÈ corbezzolo, muto per il dolo, d'angeliche cosce perdute nel
balsamo del suo segreto.
Schiuse le tempie spinate
qual eroe afflitto da spasmo.
Lode all'altissima fronte di petali novi velata!
S'aprivano corpi baciati da cespi d'acanto.

Viso di luce dell'alba purissima,
salute alla tua corona di lingue e fiamme eterne.

*

È giunto il volo ed il saluto
dei tuoi cavalli biondi.
Sono felice mentre conto
i petali e le ossa.
Ho per anello l'occhio
del tuo Serafino,
e la collana chiara
dei raggi del mattino.

*

Gaudio perpetuo del vespro glorioso,
celeste tremore di fiere rampanti,
su troni marmorei dell'alto,
sussulta!

*

Sorgi,
su nubi sinfoniche,
astro virgineo.
Sommo roseto d'arcani
e baci divini,
giubilo di voluttà infinitamente
santa,
rorido podio di numi furenti
al Principio.

*

Non mentire.
Anche bendata riconosco la tua essenza.
So come si deforma nel buio
la tua bocca,
ed ha il profumo della salvia.

*

Dolce-crudele,
il loro incedere scosse la terra.
Quale sussulto, in me ancora infanta!

*

Il toro nel trapezio,
dio- acrobata e animale.
Lume sul cammino.
La stanza piena di cavalli
e i miei tamburi,
finché tramonta il sole.

*

L'oro sulle carni della femmina.
Il maschio nudo,
come piramide.
È vitello, poi asino e leone.
Cerchio nel vuoto, quel suono il suo nome.

*

Celeste!
Viva, la colomba esce dal rogo.
Intatta, si posa
sulla stella del diadema.

*

Nel cubo quattro fuochi al
centro:
stretto alla colonna,
l'ermafrodito
bianco,
senza più voce ascolta.
Gli angeli cantano il ciclo
della dimora eterna.
Bussano:
– Chi siete?
– Siamo i boccioli neri!

*

Giallo,
l'abito regale,
chicco sulla mia lingua,
ti celebra il boccale:
sei nato ancora e ancora,
o liuto del mio incanto,
come il giacinto
vergine,
puro cristallo.

*

Amo la corona scarlatta
sul tuo capo di sale
ed il candore,
del tuo volto antico.
Reggi tra le mani
quel bacile,
ove galleggiano le ali dei miei passeri:
lupi di vento, ecco i vostri pomi!

*

Bevemmo dalle labbra
di sacerdoti in cerchio.
Tu, l'orafo che muta nelle mani
la mia corteccia in oro,
tagliasti la mia mente
come una melagrana,
bruciando i rossi chicchi.
Ma io ti dissi «Non dimentico.
Urlano ancora i cieli.
Tori e cavalli travolgono l'aria».

*

Esulta il melo,
il sambuco
canta.
E tu come l'erede,
e numinoso e biondo,
sei giunto.
Cade la manna
nella campagna
arsa.
Sotto le zolle
nere,
si aprono
le bocche
dei miei ospiti.

*

Era puro questo prato,
non conosceva macchia.
Tu,
vedendo l'aura mia selvatica,
dolce come un assassino

lasciasti sulla mia lingua
un piccolo mirtillo.
Nell'aria trasmutavi,
mite pensiero
in mistica forma.
Questa è la stagione
in cui l'orsa prende in bocca
il ramo dell'Intelligenza.

*

Hai dato il fiore alla criniera
del mio cavallo nero,
alle mammelle il latte
della dimenticanza.

*

Conduci margherite
alla fessura.
Ti prego, non il grappolo mortifero,
mi guarda:
l'occhio della lupa mia sorella.
Ha un volto di vitella
mansueta,
e il pelo d'una Venere discinta.

*

L'animale avanzava.
Trascinava la mia veste
nella fonte.
Mia eternità, fui messe
e campo, per le genti.

I semi bruni strinse in cento code.
Quale grano macinato,
dal suo dente prodigioso.

*

Plenilunio d'estate
e tu baciavi
la lama intinta nella coppa,
o roseto,
che il Fauno preparò per la mia ebrezza!
E tu non sai germoglio,
qual è il petalo sovrano,
del mio talamo fiorito?
Il tuo labbro insanguinato!

*

Tuo,
l'occhio che tutto vede.
Squarcia la mia fronte consacrata,
quando la sera m'indica dell'Ade
il sentiero, tra i pruni.

*

È cresciuta la mia chioma.
La servirono al Feroce, che ruggiva tra gli specchi.
Egli la portò alla bocca e tacque.
Celato dai veli spiava il mio pube danzare.

*

Resina dell'albero profeta,
rami di gemme

cinsero le volte della sala.
Pelli ardeano per le lingue,
dei vati poste sul mio volto.

NOZZE

È smeraldo,
il mio utero abitato dallo spirito,
dall'acqua del Giordano.
E tu, simile all'Albero della vita,
maestoso di rami,
ne avrai la tua dimora.

*

Eri simile al sole,
al vitello bianco
nel recinto del cactus.
E io ero la sposa
della tua filosofia,
la perla nera dei roghi sul tufo.
Colavo.
Quale dolcissimo mosto
su polpastrelli d'infante.
La tua parola nasceva
crudele,
nel mio nido di carne.

*

Ho bevuto la tua linfa di turchese vena,
altissimo e fiero
aedo.
Stesa tra gli altari di madreperla,
per te, io, furiosa d'albe
ho partorito in croce,
tralci rosati su neve dorata.

ORO PER LA VIPERA

Scelsi vallate amorose
di sapienza,
per tramutarmi in cibo.
Ero un granello d'oro
per la vipera nutrita
in un frutteto di giubilo.
Fluiva da seni lunari,
un sangue di zaffiro delicato,
sul granato rosso.
E tu mangiavi tra i rovi,
un lembo succulento di cuore,
dalle mani di Caino.

*

Non ho memoria d'ambrate
abbazie,
né d'inviolati alveari,
né del rubino,
né della quiete.
Ma eri un bellissimo fiore
di giungla,
nato sullo strappo delle cartilagini.
E mentre ti guardavo
scalpitavo,
tra le mani un vello insanguinato,
sul pavimento altero,
di luci e acquamarina.

*

In nome dell'aurora avrò un diadema
di rugiada,
parlerò la lingua del Tremendo.
Apprenderò la geometria
del piano ultraterreno,
l'apprenderò in silenzio,
perché sono una bambina.

9 788889 895345